essentials

Essentials liefern aktuelles Wissen in konzentrierter Form. Die Essenz dessen, worauf es als „State-of-the-Art" in der gegenwärtigen Fachdiskussion oder in der Praxis ankommt. Essentials informieren schnell, unkompliziert und verständlich

– als Einführung in ein aktuelles Thema aus Ihrem Fachgebiet
– als Einstieg in ein für Sie noch unbekanntes Themenfeld
– als Einblick, um zum Thema mitreden zu können.

Die Bücher in elektronischer und gedruckter Form bringen das Expertenwissen von Springer-Fachautoren kompakt zur Darstellung. Sie sind besonders für die Nutzung als eBook auf Tablet-PCs, eBook-Readern und Smartphones geeignet.

Essentials: Wissensbausteine aus Wirtschaft und Gesellschaft, Medizin, Psychologie und Gesundheitsberufen, Technik und Naturwissenschaften. Von renommierten Autoren der Verlagsmarken Springer Gabler, Springer VS, Springer Medizin, Springer Spektrum, Springer Vieweg und Springer Psychologie.

Daniel Schmidt

Ostdeutsche Frauenbewegung

Eine Einführung

Dr. Daniel Schmidt
Institut für Politikwissenschaft
Universität Leipzig
Leipzig
Deutschland

Dieser Beitrag war ursprünglich Teil des Buches „Der „Ossi" – Mikropolitische Studien über einen symbolischen Ausländer", herausgegeben von Rebecca Pates und Maximilian Schochow, Wiesbaden 2013, und wurde überarbeitet.

ISSN 2197-6708   ISSN 2197-6716 (electronic)
ISBN 978-3-658-06791-5   ISBN 978-3-658-06792-2 (eBook)
DOI 10.1007/978-3-658-06792-2

Die Deutsche Nationalbibliothek verzeichnet diese Publikation in der Deutschen Nationalbibliografie; detaillierte bibliografische Daten sind im Internet über http://dnb.d-nb.de abrufbar.

Springer VS

Gedruckt auf säurefreiem und chlorfrei gebleichtem Papier

Springer VS ist eine Marke von Springer DE. Springer DE ist Teil der Fachverlagsgruppe Springer Science+Business Media
www.springer-vs.de

Was Sie in diesem Essential finden können

- Analysen zur Struktur demografischer Diskurse
- Wie die Geburtenraten ostdeutscher Frauen zum Problem gemacht werden
- Politische (Irr-)Wege aus der vermeintlichen Krise

Vorwort

Zwanzig Jahre deutsche Einheit waren für meine Kollegin am Leipziger politikwissenschaftlichen Institut Rebecca Pates Anlass, zusammen mit Jens Hüttmann und Studierenden ihres Methodenseminars eine bemerkenswert langlebige Identitätskonstruktion genauer zu untersuchen: den „Ossi". Diese ersten Analysen führten zu der Idee, eine Reihe von „mikropolitischen Studien über einen symbolischen Ausländer" in einem Sammelband zu vereinen, der 2013 von R. Pates und M. Schochow herausgegeben wurde. (Pates und Schochow 2013).

Die Diagnose: Offensichtlich wird den „Ostdeutschen" in öffentlichen Debatten immer noch eine eigene, gruppenspezifische Ontologie zugeschrieben, während der „Wessi" als ein Individuum auftaucht, das sich nach Ostdeutschland „gewagt" hat. Anders gewendet, der „Wessi" ist nur im Osten als westdeutsch gelabelt, der „Ossi" überall Ostdeutscher – und überhaupt: ein „symbolischer Ausländer". Dieses Buch hat dann einiges öffentliches Aufsehen erregt, mehr als wir erwartet hatten. Offensichtlich gibt es noch immer ein großes Bedürfnis, die innere Verfasstheit der Republik in dieser Beziehung neu zu reflektieren.

Ich danke der Herausgeberin und dem Herausgeber dafür, dass sie mich zur Mitarbeit an diesem Sammelband eingeladen haben. Für meinen Beitrag konnte ich auf einige Forschungen zurückgreifen, die ich im Rahmen eines vom BMBF geförderten Verbundprojekts unter der Leitung von Petra Overath[1] angestellt habe.

---

[1] „Die vergangene Zukunft Europas. Kulturwissenschaftliche Analysen von demografischen Prognosen und Wissensordnungen im 20. und 21. Jahrhundert" (www.vergangenezukunft.eu).

Inhaltsverzeichnis

1 Einleitung 1

2 1989: Das Ende der Dreifachrolle? 5

3 Nackte Äste 9

4 Glückliche Wiederkehr? 15

5 Schluss 19

Was Sie aus diesem Essential mitnehmen können 21

Literatur 23

Einleitung

1

Frauen sind klug, mehr noch:

> Frauen sind flexibel, gut ausgebildet und verfügen über eine sehr hohe Leistungs-
> bereitschaft. Eine dauerhafte Abwanderung, insbesondere von jungen Frauen, hat
> nachhaltige Auswirkungen auf alle Lebensbereiche. Der Landesfrauenrat und Frau-
> enzentren leisten mit ihren Angeboten einen Beitrag, die Chancen von Mädchen und
> Frauen zu verbessern, um gleichberechtigt am gesellschaftlichen Leben teilhaben zu
> können. Sie tragen dazu bei, Benachteiligungen und Diskriminierungen zu beseitigen.
> Die Entwicklung einer frauenfreundlicheren Gesellschaft mit guten Arbeits- und Le-
> bensbedingungen für Frauen ist dabei das Ziel. (Interministerieller Arbeitskreis LSA
> 2011, S. 69)

Zu diesem Schluss kam Anfang 2011 ein Interministerieller Arbeitskreis unter Federführung des Verkehrsministeriums des Landes Sachsen-Anhalt. Das Problem, mit dem sich dieser Arbeitskreis auseinanderzusetzen hatte, scheint so etwas wie eine neue Frauenbewegung zu sein, die nicht nur das in den neunziger Jahren radikal entindustrialisierte Bundesland zu gewärtigen hatte, sondern die, einer verbreiteten Lesart in Wissenschaft, Medien und Politik zufolge, ganz Ostdeutschland in besonderem Maße betrifft. Die Binnenmigration von anderen strukturschwachen Gebieten, etwa im Ruhrgebiet oder in Teilen Niedersachsens in die wirtschaftsstarken Regionen des Südens oder in andere Ballungsgebiete scheint

© Springer Fachmedien Wiesbaden 2015
D. Schmidt, *Ostdeutsche Frauenbewegung*, essentials,
DOI 10.1007/978-3-658-06792-2_1

nicht so alarmierend zu sein (oder wird einfach nicht so problematisiert) wie die Ost-West-Migration junger Frauen.[1]

In dem Zitat klingt sehr gut das an, was ich an anderer Stelle als die „Politik der Bevölkerung" bezeichnet habe und was Eva Barlösius als „Demographisierung des Gesellschaftlichen" kritisiert (Barlösius 2007; Schmidt 2011): Gleichberechtigung, Abbau von Diskriminierungen und eine frauenfreundlichere Gesellschaft werden hier nicht mehr als Gebote der Gerechtigkeit verhandelt, sondern als eine pure Notwendigkeit, um einerseits die Abwanderung zu stoppen und andererseits zu erreichen, dass einst abgewanderte Frauen in ihre „Heimatregion" zurückkehren (dies ist ein Spezialprojekt in Sachsen-Anhalt, aber dazu weiter unten mehr). Diese Frauen werden nunmehr mit doppelter und dreifacher Potenzialität aufgeladen: mit besserer Bildung, die einst in ostdeutschen Schulen in sie investiert worden ist, mit besserer Aus- und Weiterbildung bzw. Studium (gegebenenfalls in der Fremde), ergänzt durch den erweiterten Horizont, den ein Wegzug gewöhnlich mit sich bringt, schließlich mit ihrer tatsächlichen oder potenziellen „Fruchtbarkeit" (im bevölkerungswissenschaftlichen Sinn), in die alle Hoffnung auf eine demografische Zukunft der ostdeutschen Bundesländer gelegt wird. Flexibel, gut ausgebildet, leistungsbereit und mütterlich werden sie zu Retterinnen einer demografisch, intellektuell und ökonomisch ausgedünnten Region erhoben. (Man möge mir diese drastische Zuspitzung verzeihen, die sich von der Rhetorik einiger verzweifelter Zukunftsplaner gar nicht so sehr unterscheidet.).

In solchen Visionen klingt aber auch die Kontingenz einer Erfahrung an, einer historischen Problemlage, die sich so oder ähnlich in denselben Gegenden bereits einige Jahrzehnte früher stellte. Ostdeutsche Frauen sind (oder sollten es sein) nicht erst seit der Mitte der neunziger Jahre des vorigen Jahrhunderts auf zu problematisierende Weise mobil. In Anlehnung an einen beliebten Ausdruck aus dem poststrukturalistischen Jargon-Repertoire, jedoch mit inhaltlich anderer Bedeutungszuschreibung, könnte man diese Problematisierungen als ein „Spiel von An- und Abwesenheiten" bezeichnen: a) Und zwar einmal in einem engeren sozialen Sinn als den Wechsel zwischen der häuslichen, reproduktiven Sphäre und der produktiven Sphäre im Betrieb, als Unternehmerin oder wenigstens auf dem

---

[1] Dass es durchaus auch ohne die Zuspitzung auf Ostdeutschland geht, zeigt ein Beitrag von Frank Swianczny, Philip Graze und Claus Schlömer (2008, S. 188), in dem sie zwei große Trends der aktuellen Bevölkerungsbewegung beschreiben: „First, the low fertility in regions with selective out-migration of young women in the East and peripheral or old industrialized regions of the West due to the loss of potential mothers; and second the low fertility of city cores as a result of the out-migration of potential mothers to the suburban hinterland – and cities with large numbers of university students, in particular because of the low fertility of female students".

Arbeitsmarkt.[2] b) Und dann im geografisch-räumlichen Sinn, denn den schon angesprochenen demografischen oder bevölkerungssoziologischen Analysen zufolge haben seit Mitte der neunziger Jahre überproportional (im Vergleich zu Männern derselben Alterskohorten) viele junge Frauen (zwischen 20 und 30 Jahre alt) die sogenannten neuen Bundesländer verlassen, um im Westen der Bundesrepublik oder gleich im Ausland ihr Glück und Auskommen zu suchen. Dabei haben sie eben nicht nur ihre potenzielle Fruchtbarkeit mitgenommen, was dem absoluten Bevölkerungsrückgang in den betroffenen Regionen eine noch stärkere Dynamik verleiht, sondern überdies vor allem schlechter gebildete, arbeitslose und möglicherweise zum Rechtsextremismus neigende Männer, *„bare branches"* oder „nackte Äste", zurückgelassen. c) Schließlich nähren verschiedene Projekte die Hoffnung auf eine Rückkehr dieser (nun nicht mehr ganz so) jungen Frauen. Diese Rückkehrmigration liegt oberflächlich gesehen in der Zukunft, tatsächlich aber repräsentieren diese Idee und die vorgeschlagenen Rückkehrer-Programme gegenwärtige Sehnsüchte, Erwartungen und kategoriale Zuschreibungen.

Neben der „kinderlosen Akademikerin", die unter anderem im Zuge der Reformierung des familien- und sozialpolitisch motivierten Erziehungsgeldes zum stärker bevölkerungspolitisch akzentuierten Elterngeld als zentrale Figur aufgebaut wurde (vgl. Schmidt 2009), treffen wir nun mit der ausgewanderten Ostdeutschen auf ein weiteres geschlechtsspezifiziertes Strukturelement der „Bevölkerung". Das ist eine Besonderheit demografischer oder demografisierter Diskurse, die in der Regel von einer historisch kontingenten biologistischen Bevölkerungsidee ausgehen, in der, schon aus wissenstechnischen Gründen, die Antwort auf die Frage nach der Zukunft der Nation – oder hier: der Region – im Mutterschoße verborgen liegen soll. Die Männer, die im Folgenden auch eine Rolle spielen werden, erscheinen hier als gar nichts weiter denn als fleischgewordenes Defizit, als das Schwarz, das bleibt, wenn das Licht ausgeht.

Ich will hier gar nicht gegen statistische Wahrheiten anschreiben. Was mich interessiert, ist die wissenschaftliche oder halbwissenschaftliche Konstruktion ost-

---

[2] Diese Unterscheidung stammt nicht von mir. Vielmehr handelt es sich dabei um eine tradierte Narration nationalökonomischer Gesellschaftsbeschreibungen. Vgl. Lorenz von Stein (1876, S. 23 f.): „Die Ehe, dieses innigste äußere und innere Band zwischen Mann und Frau das das ganze Leben umfasst, sollte es nicht auch jenes Leben, das wir das Güterleben in Production, Consumtion und Reproduction genannt haben, mit umfassen? [...] Der Mann wird die Erzeugung der Güter, die Frau die Verzehrung, beide zusammen aber die Wiedererzeugung zu ihrer Lebensaufgabe haben. Oder, wenn Sie es vielleicht schon jetzt anders und näher liegend aus- gedrückt haben wollen, der Mann wird für den Werth, die Frau für den Genuss, beide aber werden gemeinsam für die Capitalbildung, die Bildung des Vermögens aus dem richtigen Verhältniß des Genusses zur Erzeugung der Werthe bestimmt sein".

deutscher Frauen-Identitäten, bei der demografische Wissensbestände als politische Ressourcen nicht nur verwendet oder eingesetzt (Ash 2002), sondern vermutlich auch geradezu hergestellt werden. Ohnehin sind Geschlechter- und andere Identitätskonstruktionen immer politisch, weil sie Machtverhältnisse produzieren und reproduzieren. Ihre Verbindung mit Bevölkerungswissen erschwert es jedoch, sie zu hintergehen und aufzulösen, denn einerseits erhebt die bevölkerungswissenschaftliche Expertise einen vorpolitischen Wahrheitsanspruch und andererseits werden Bevölkerungsphänomene als essenziell für das (Fort-)Bestehen des Staats und gegebenenfalls der Nation angesehen. Letzteres führt dazu, dass Analysen demografischer Wandlungsprozesse nicht selten in alarmistischem Tonfall vorgetragen werden.

1989: Das Ende der Dreifachrolle?

2

Die große Frage, die sich Bevölkerungsforscher und eine interessierte Öffentlichkeit in West- und Ostdeutschland noch in den achtziger Jahren stellten, lautete: Hält der Aufschwung bei den Geburten in der DDR, der sich seit Ende der Siebziger abgezeichnet hatte, an? Und wenn ja, was sind die Gründe dafür?

So vermeldete die „Süddeutsche Zeitung" am 10. März 1984: „,Genosse Storch' fliegt Planziel an" (Lölhöffel 1984, S. 11) und gewann aus ihrem Blick nach drüben vier Erkenntnisse, „die auch für die Diskussion in der Bundesrepublik eine Rolle spielen können". Die erste Lehre: „Das Beispiel DDR zeigt, dass Frauen trotz Dreifachbelastung Mutter/Hausfrau/Berufstätige eher bereit sind, Kinder zu bekommen, indem sie das Babyjahr nehmen und sich dabei ihrer Arbeitsplätze sicher sind" (Lölhöffel 1984, S. 11). Zweitens habe sich gezeigt, dass man das Abtreibungsrecht legalisieren könne (wie 1971 in der DDR geschehen), ohne dass es zu einer dramatischen Zunahme von Schwangerschaftsabbrüchen kommen müsse. Drittens sei offenbar auch die Annahme falsch, dass „zu kleine Wohnungen, Zukunftsungewissheit und kulturelle Enge" (Lölhöffel 1984, S. 11) dem Kinderkriegen entgegenstünden. Viertens schließlich könne man offenbar mit materiellen Anreizen die Menschenvermehrung positiv beeinflussen.[1]

---

[1] Dieser letzte Punkt widersprach einem heute noch gängigen Argument der Gegner von bevölkerungspolitischen oder demografisch akzentuierten familienpolitischen Maßnahmen zur Reduktion der Opportunitätskosten des Kinderkriegens. Schließlich hätten doch sowohl die erste als auch die zweite Transition der Bevölkerungsentwicklung in den industrialisierten

© Springer Fachmedien Wiesbaden 2015
D. Schmidt, *Ostdeutsche Frauenbewegung,* essentials,
DOI 10.1007/978-3-658-06792-2_2

Seit 1972 hatte die DDR-Regierung schrittweise eine Reihe von Maßnahmen eingeführt, die die (in Ost wie West) für ungünstig erachtete Bevölkerungsbilanz – niedrige Geburtenrate und zunehmende Alterung – aufbessern sollten: Kindergelderhöhungen, gestaffelt nach Kinderzahl, Verlängerung des Mutterschutzes und des Mutterschaftsurlaubs, günstige Ehekredite und Baudarlehen für kinderreiche Familien. Den Zielkonflikt zwischen der Stimulierung von Mutterschaften und der wegen akuten Arbeitskräftemangels notwendigen Einbeziehung der Frauen in die wirtschaftliche Produktion versuchte man durch einen radikalen Ausbau der staatlichen vor- und außerschulischen Kinderbetreuung (Kinderkrippen, Kindergärten und Schulhorte) zu lösen. Diese Entwicklung wurde im Westen mit Interesse, aber auch mit Argwohn betrachtet. Häufig verwies man auf die schon angesprochene Dreifachbelastung der Frauen, so wie noch 1991 Hartmut Wendt in der eher konservativen „Zeitschrift für Bevölkerungswissenschaft":

> Typisch war für die DDR-Gesellschaft der hohe Grad der weiblichen Erwerbstätigkeit, der ideologisch als eine Voraussetzung der Gleichberechtigung legitimiert wurde, volkswirtschaftlich notwendig und zur Sicherung des Lebensniveaus einer Familie unumgänglich war. Das gesellschaftliche Leitbild der Frau, die gleichzeitig berufstätig war und Kinder hatte, war in der Wertestruktur der DDR-Gesellschaft tief verinnerlicht. Die Prägung des Leitbilds der berufstätigen Mutter erfolgte durch die ideologisch-erzieherische Beeinflussung in Verbindung mit sozialpolitischen Maßnahmen. [...] Der vergleichsweise hohe Kinderwunsch, der in den 80er Jahren im Durchschnitt bei 1,9 Kindern je Frau lag, und sein – trotz der hohen Erwerbstätigkeit der Frauen – hoher Realisierungsgrad sind sicherlich einmal auf den hohen normativen Druck des gesellschaftlich gesetzten Leitbildes zurückzuführen, zum anderen aber auch auf die fehlenden alternativen Möglichkeiten der Lebensgestaltung sowie auf die kompensatorische Funktion, die Kindern unter den hohen Belastungen des sozialistischen Alltagslebens zukam. (Wendt 1991, S. 265)

Es war also nicht alles gut in der DDR. Schlimmer noch: Die Dreifachbelastung zeitigte vielfältige negative Folgen für alle Beteiligten, bis hin zu psychischen Störungen:

> Die außerfamiliale, umfassende gesellschaftliche Betreuung und Erziehung der Kinder in gesellschaftlichen Einrichtungen als Voraussetzung der Vereinbarkeit von Beruf und Familie konnte die Probleme nicht lösen, sondern verursachte wiederum neue Probleme. Die über Jahre reichende tageszeitliche Trennung der Kinder von ihren Eltern führte vielmehr oft zu Entfremdungen und Beeinträchtigungen der Familienbeziehungen, aber auch zu psychischen Störungen. Durch die gesellschaftliche Betreuung und

---

Staaten als auch der nach wie vor horrende Bevölkerungszuwachs in den armen Ländern der „Dritten Welt" gezeigt, dass mit zunehmendem Wohlstand die Fruchtbarkeitsziffern zurückgingen.

Erziehung der Kinder wurde nicht nur die Erwerbsbeteiligung der Frauen möglich, sondern war auch die angestrebte Gelegenheit einer ideologischen Indoktrination der Kinder, der ‚Kollektiverziehung', die als Disziplinierung zu verstehen war, gegeben. (Wendt 1991, S. 267)

Entsprechend könne in einem

vereinten Deutschland [...] nicht ein staatlich vorgegebenes Familienleitbild, kann nicht die Vorgabe von bevölkerungspolitischen Zielen, schon gar nicht die ideologische Steuerung und der Versuch einer unmittelbaren Einflussnahme auf das generative Verhalten, wie dies in der DDR der Fall war, Inhalt und Ziel der Familienpolitik sein. (Wendt 1991, S. 275)

Immerhin könne man aber den Kinderbetreuungseinrichtungen zur besseren Vereinbarkeit von Familie und Erwerbstätigkeit „besondere Beachtung" schenken.[2]

Ging die zusammengefasste Geburtenziffer (das ist jene unsichere Zahl, die eine Aussage darüber trifft, wie viele Kinder eine durchschnittliche Frau im Laufe ihrer reproduktiven Karriere zur Welt bringen wird) in der DDR bereits seit Mitte der achtziger Jahre wieder zurück, so brach sie nach 1989 drastisch ein und fiel zwischen 1992 und 1994 auf unter 1 (Konietzka und Kreyenfeld 2004, S. 28).[3]

Damals ging das Wort vom „Geburtenstreik" um. Nach der, auch demografischen, Zäsur der sogenannten Wende und der deutschen Vereinigung stieg sie wieder leicht an, ohne aber das Niveau von vor 1989 zu erreichen. Wie sich später herausstellen sollte, hatten einfach viele junge Frauen in den sogenannten neuen Bundesländern den Zeitpunkt der Familiengründung im Vergleich zu ihren Müttern hinausgeschoben. Es handelt sich hier also um einen Tempo-Effekt.

Aber nicht nur. Die Demografen Dirk Konietzka und Michaela Kreyenfeld haben vielmehr signifikante Differenzen im demografischen Verhalten zwischen Ost und West herausgefunden:

---

[2] Es ist dann (vielleicht aus gutem Grund) eher selten vorgekommen, dass die DDR-Kindergärten als Referenz für die Begründung der Notwendigkeit des Ausbaus der vorschulischen Kinderbetreuung in der Bundesrepublik bemüht wurden. Häufiger orientiert man sich an den Vorbildern Frankreich und Skandinavien.

[3] In der Demografie gilt für gewöhnlich eine zusammengefasste Fruchtbarkeitsziffer von 2,1 je Frau als „Bestandserhaltungsniveau". Jede Frau müsste also etwas mehr als zwei Kinder bekommen, damit die absolute Bevölkerungszahl ohne Zu- und Abwanderungen stabil bleibt. Konitzka und Kreyenfeld weisen aber darauf hin, dass die Angaben in den osteuropäischen Transitionsländern der frühen neunziger Jahre wegen des zugleich drastisch angestiegenen Erstgebäralters sehr verzerrt sein dürften.

Wenn man an dieser Stelle die bisherigen Befunde zusammenfasst, dann ist erstens hervorzuheben, dass ostdeutsche Frauen weiterhin bei der Familiengründung etwas jünger als westdeutsche Frauen sind. Zweitens ist die Heiratsneigung im Osten deutlich geringer, und in engem Zusammenhang damit ist die ‚Legitimierungsrate' von Kindern erheblich niedriger. Im Unterschied zum westdeutschen Muster der ‚kindorientierten Eheschließung' ist die Mehrzahl der Frauen im Osten bei der Geburt des ersten Kindes nicht verheiratet. Ein großer Teil dieser Frauen bleibt auch nach der Familiengründung ledig. Drittens hat sich unter den nichtehelichen Familienformen die nichteheliche Lebensgemeinschaft als vorherrschende Familienform etabliert. Insgesamt verweisen die anhaltenden Ost-West-Differenzen in den Mustern der Familiengründung und des Heiratsverhaltens darauf, dass der Wandel des demographischen Verhaltens in Ostdeutschland nicht auf eine Anpassung an das westdeutsche Modell hinausläuft. (Konietzka und Kreyenfeld 2004, S. 36)

Dabei könnten die ostdeutschen Frauen – einmal mehr – die *Avantgarde* bilden. So wie es aussieht, sind sie mit ihren „Fertilitätsentscheidungen" dem Zeitgeist näher als ihre Schwestern aus dem Westen, denn:

Im Jahr 1990 stellten Heilig, Büttner und Lutz die provokante Frage, ob mit der rechtlichen, ökonomischen und politischen Wiedervereinigung Deutschlands tatsächlich eine Ost-West-Angleichung verbunden sein würde, oder ob nicht im Bereich der Familienentwicklung eher damit zu rechnen sei, dass die moderneren Familienstrukturen in den neuen Ländern zu einer Erosion der traditionelleren Familienstrukturen im Westen beitragen würden. Fast 15 Jahre nach der Wende lässt sich die Zwischenbilanz ziehen, dass trotz einer Annäherung des Alters bei der ersten Mutterschaft deutliche Ost-West-Differenzen im Heiratsverhalten, in den Familienformen und im Erwerbsverhalten von Frauen mit Kindern fortbestehen. Zumindest dann, wenn mittelfristig die starren Restriktionen der Vereinbarkeit von Familie und Beruf in den alten Bundesländern spürbar verringert werden sollten scheint uns eine Annäherung der Muster der Familienentwicklung im Westen an jene im Osten prinzipiell wahrscheinlicher als eine Annäherung in umgekehrter Richtung. (Konietzka und Kreyenfeld 2004, S. 40)

Wenn es denn je zu dieser Angleichung kommt, könnten die ostdeutschen Frauen nicht nur bezüglich ihrer Muster der Familiengründung, sondern auch räumlich längst weitergezogen sein.

Nackte Äste

3

Als die Nationaldemokratische Partei im September 2006 bei der Landtagswahl in Mecklenburg-Vorpommern 7,3 % der Wählerstimmen gewonnen hatte,
war der Mitherausgeber der „Frankfurter Allgemeinen Zeitung" und Hobby-
Bevölkerungsforscher Frank Schirrmacher[1] flugs mit einer umwerfenden These
zur Hand. Der hohe Stimmenanteil der Rechten käme nicht überraschend, ließ
er sich vernehmen, sondern habe direkt mit der Abwanderung junger Frauen aus
den strukturschwachen Gebieten zu tun.

> Seit 1995 haben vor allem junge Frauen die neuen Bundesländer verlassen – unter
> den 1,5 Mio. Menschen, die in den Westen gingen, waren überdurchschnittlich viele
> 18- bis 29-jährige Frauen. ‚Die zurückbleibenden Männer', so das Berlin-Institut für
> Bevölkerung und Entwicklung, ‚sind häufig gering qualifiziert und arbeitslos'. Die-
> ser Umstand beschleunigt den Bevölkerungsschwund noch. Denn Männer am sozial
> unteren Ende des Heiratsmarktes finden, statistisch gesehen, selten eine Partnerin zur
> Familiengründung. (Schirrmacher 2006a)

---

[1] Schirrmacher hatte einige Zeit zuvor dem äußerst konservativen Bevölkerungsforscher Her-
wig Birg Gelegenheit gegeben, in einer Artikelserie in der Frankfurter Allgemeinen Zeitung
(Grundkurs Demographie, Februar/März 2005) das Gespenst des demografischen Nieder-
gangs des deutschen Volks an die Wand zu malen. Diese Befürchtungen und seine persönlichen
Ängste verarbeitete er in den Büchern „Das Methusalem-Komplott" (2004) und „Minimum.
Vom Vergehen und Neuentstehen unserer Gemeinschaft" (2006).

© Springer Fachmedien Wiesbaden 2015

D. Schmidt, *Ostdeutsche Frauenbewegung,* essentials,

DOI 10.1007/978-3-658-06792-2_3

Seit Mitte der neunziger Jahre verlassen also die Frauen nicht nur den Haushalt und (temporär) ihre Kinder, um einer Erwerbstätigkeit nachzugehen, sondern sie entfliehen gleich ganzen Regionen. Folgt man Schirrmachers Argumentation, so würden die zurückgelassenen Männer besonders aggressiv, gewaltbereit und mitleidlos sein: „Je mehr heiratsfähige Männer aus sozialen Gründen daran gehindert werden zu heiraten, weil es die Frauen dazu entweder nicht gibt oder von denen, die es gibt, keine Zurückgebliebenen haben will, desto mehr Testosteron zirkuliert" (Schirrmacher 2006a). Interessant ist, dass auch hier Frauen als aktive Subjekte konstruiert werden. Ihr Verhalten – diesmal ist es Migration – löst angeblich Probleme aus, wird also problematisiert.

Die biologistische These vom wahlbeeinflussenden Testosteron-Überschuss bedurfte freilich einer wissenschaftlichen Überprüfung, und die lieferte wiederum das in diesen Fragen sehr zuverlässige Berlin-Institut für Bevölkerung und Entwicklung, ein privater *Think Tank*, der in ausgefeilten, populärwissenschaftlich aufbereiteten Studien Politik und Öffentlichkeit zu Fragen der demografischen Entwicklung berät.[2] Steffen Kröhnert und Reiner Klingholz legten im Frühjahr 2007 die Untersuchung „Not am Mann" vor, für die sie mittels einer Kombination aus Feldforschung[3] und statistischen Sozialstruktur-Kompilationen die, wie es im Untertitel heißt, „Lebenslagen junger Erwachsener in wirtschaftlichen Abstiegsregionen der neuen Bundesländer" genauer unter die Lupe nahmen.

In ihren Datensätzen konnten sie einen statistisch signifikanten Zusammenhang zwischen regionalem Männerüberschuss und dem Erfolg rechtsextremer Parteien

---

[2] Wir sehen, dass sich Schirrmacher bereits auf eine Studie des Berlin-Instituts beruft. Dieses hat dann aber wieder Schirrmachers These zur eigenen Hypothese gemacht und überprüft. Solche zirkulären Referenzierungen lassen sich in Bezug auf Bevölkerungsfragen des Öfteren beobachten. Beispielsweise bildeten Herwig Birg und Franz-Xaver Kaufmann ein Referenzpärchen.

[3] Für den qualitativen Teil bereisten die ForscherInnen „zwei typische Orte in der ostdeutschen Provinz", nämlich das sächsische Ebersbach und Herzberg in Brandenburg. Nachdem sie in Dorfdiskotheken und auf einem Feuerwehrfest die zahlenmäßige Geschlechterrelation ermittelt hatten (Ergebnis: tatsächlich mehr Männer als Frauen), förderten sie durch Interviews einige interessante Selbstbeschreibungen der Ostdeutschen zutage. Eine Gemeindemitarbeiterin etwa machte die Mütter für die geschlechterspezifische Abwanderung verantwortlich: „Ich denke, manche Männer haben nicht den Mut und den Schneid, hier wegzugehen. Die haben ihre Freunde hier und ihren Bekanntenkreis, und wenn sie jetzt gehen würden, wer weiß, ob die sich drüben wieder etwas aufbauen könnten … Ich glaube, dass dies an den Müttern liegt. Wir erziehen unsere Töchter zu mehr Selbstständigkeit als unsere Söhne. Wenn ich mir die Mütter von Söhnen in meinem Alter so anschaue. Was die alles nicht machen brauchen und nicht können müssen, weil die Mütter sagen: Warte, das mach ich!" (Kröhnert und Klingholz 2007, S. 17).

(NPD, DVU) bei Wahlen erkennen. Die Erklärungsmuster bleiben allerdings reine Spekulation[4] und orientieren sich an der sogenannten Deprivationshypothese, wonach rechte Parteien vom Unzufriedenheitspotenzial profitieren, das aus sozialem Abstieg oder Perspektivlosigkeit resultiert. (Auch weiß man aus anderen Erhebungen, dass die betreffende Wählerschaft generell überwiegend männlich ist.) Im ostdeutschen Fall, so die Autoren, seien die Männer möglicherweise ganz besonders deprimiert:

> In der DDR war die finanzielle Unabhängigkeit der Frauen durch ihre hohe Erwerbsbeteiligung höher als im Westen. Dennoch hatten männliche Berufe durch ihre Bedeutung in der klassischen Industriegesellschaft oft einen hohen Status. Unter heutigen Bedingungen führen jedoch die hohe Erwerbsneigung der Frauen in den neuen Bundesländern und ihre höhere Qualifikation bei gleichzeitigem Bedeutungsverlust der klassischen Männerberufe dazu, dass ein Teil der Männer nicht nur bei der Arbeits-, sondern auch bei der Partnersuche äußerst geringe Chancen hat. Diese Benachteiligung könnte in Teilen der männlichen Bevölkerung eine Sehnsucht nach Aufwertung der klassischen Männerrolle entstehen lassen. Rechte Parteien stehen für ein solches, klassisches Rollenbild und die traditionelle Machtverteilung zwischen den Geschlechtern. Bei ihnen steht der Mann als Familienernährer klar im Mittelpunkt des politischen Programms. (Kröhnert und Klingholz 2007, S. 68)

Schirrmachers Testosteron kommt hier nicht vor, dafür Geschlechterrollenbilder. Wie so oft, wenn soziale Phänomene demografisiert werden, kann aus diesem Ergebnis nichts folgen. Oder die Konsequenzen, die man sich mit einiger Phantasie ausmalen könnte, sind unter den Bedingungen des pluralistischen Rechtsstaats nicht umsetzbar.

Von den rechts wählenden Männern zurück zu den Frauen. Denn Männerüberschuss heißt ja nicht, dass es gar keine mehr von ihnen gäbe. Allerdings werden jene Frauen, die zurück geblieben sind, ebenfalls als problemverschärfend charakterisiert. Als da sind:

- *Mütter.* Sie erzögen ihre Kinder geschlechterrollenspezifisch: „Gut gebildete Mütter kümmern sich offensichtlich mehr um die Zukunft ihrer Töchter als qualifizierte Männer es entsprechend im Sinne ihrer Söhne tun." (Kröhnert und Klingholz 2007, S. 6) Also erhöhten sie damit deren Arbeitsmarktchancen in Re-

---

[4] Kröhnert und Klingholz (2007, S. 70) räumen selbst ein, dass „die genannten Faktoren natürlich nur einen Teil des Wahlverhaltens" erklärten. Vor allem die Behauptung, dass der Frauenmangel überhaupt eine Ursache für rechtes Wahlverhalten darstellt, lässt sich mit den von ihnen verwendeten Daten nicht im Geringsten belegen. Abgesehen davon, dass Wahlentscheidungen in der Regel multivariate Ursachen haben dürften, kann es sich hier auch um Koinzidenzen handeln.

gionen, in denen gut ausgebildete Bewerberinnen und Bewerber (oder gebildete Ehefrauen)[5] gefragt sind, vulgo: im Westen und in den Großstädten.

- *Lehrerinnen und alleinerziehende Mütter.* Das beinahe gänzlich weibliche „Lehrpersonal" in Kindertagesstätten und Grundschulen sowie ein relativ hoher Anteil alleinerziehender Mütter in Ostdeutschland machten es den Jungen unmöglich, männliche Rollenvorbilder zu erleben. Damit ließen sich nicht nur ihre geringeren schulischen Erfolge erklären, sondern noch schlimmere Deformationen der juvenilen Selbste: „Die Dominanz von Frauen unter den erwachsenen Bezugspersonen von Jungen könnte deshalb dazu führen, dass sich Jungen ganz bewusst von Frauen abgrenzen." (Kröhnert und Klingholz 2007, S. 47)[6]
- *„Junge Muttis"* Während höher gebildete Frauen ihre erste Schwangerschaft seit Jahren immer mehr nach hinten verschieben, sodass sie letztlich gar nicht mehr dazu kommen, auf dem Bestandserhaltungsniveau zu reproduzieren, sei in Ostdeutschland auch das andere Extrem zu beobachten: „Frauen mit geringer Bildung greifen allerdings vermehrt auf die Möglichkeit zurück, sich einen Lebensinhalt zu verschaffen: Sie können früh Mütter werden." (Kröhnert und Klingholz 2007, S. 28) Über die Ursachen der deutlich gestiegenen Zahl der Teenager-Schwangerschaften in einigen ostdeutschen Regionen kann man bzw. können die Autoren der Studie wiederum nur spekulieren: Zeichen sozialen Verfalls, Mittel der materiellen Existenzsicherung (über das Kindergeld), Männerüberschuss und daraus resultierende geringe Bindungsnotwendigkeit, Sorglosigkeit im sexuellen Umgang usw. Die implizite Folge ist, dass diese jungen Mütter – unter den Bedingungen der sozialen „Erblichkeit" von Bildungsniveaus im deutschen Schulsystem – eben auch ihre geringe Bildung reproduzieren, und das auch noch in stärkerem Maße als die Bessergebildeten.

---

[5] Offensichtlich handelt es sich beim Wegzug der ostdeutschen Frauen nicht nur um Arbeitsmigration; ein nicht unerheblicher Teil (das Berlin-Institut spricht von 30 %) gebe vordringlich private Gründe an. Für Kröhnert und Klingholz wäre das mit materialistisch motivierter Heirat gleichzusetzen. Ihre Hypothese: „Weil in Westdeutschland lebende Männer im Durchschnitt wesentlich mehr als ihre ostdeutschen Geschlechtsgenossen verdienen, wäre zu vermuten, dass eine Partnerfindung zwischen West-Mann und Ost-Frau weit häufiger stattfindet als umgekehrt. Damit ließe sich auch erklären, warum Frauen – etwa nach abgeschlossener Ausbildung – seltener als Männer den Wunsch nach einer Rückkehr in die neuen Bundesländer verspüren" (Kröhnert und Klingholz 2007, S. 62).

[6] Dieser Diskursstrang ist in den vergangenen Jahren in der Bundesrepublik sehr einflussreich geworden. Man proklamierte damit die Überwindung des Feminismus, denn die Frauen, die ja längst zu Gewinnerinnen des Bildungssystems geworden seien und damit auch die besseren ökonomischen und sozialen Chancen hätten, seien längst emanzipiert. Gerade ihre gesellschaftliche Dominanz entwickle sich zunehmend zu einem Problem für Männer. Inzwischen haben sich einige dieser Männer schon in Selbsthilfegruppen organisiert.

Die Demografie ist ohnehin eine eher pessimistische Wissenschaft, was in dem tradierten Ideal einer ausgeglichenen Bevölkerungsbilanz oder einem Nullwachstum seinen Grund haben dürfte. In den Augen mancher Demografen sieht es aber für Ostdeutschland, und hier speziell für die ländlichen Regionen, besonders düster aus. Noch einmal Kröhnert und Klingholz:

> Sicher ist, dass tendenziell nicht nur die jüngeren und weiblichen Personen abwandern, sondern auch jene mit besserer Qualifikation. Umgekehrt bleiben eher die sozial Schwächeren der Gesellschaft, die Älteren und jene mit geringerwertiger Ausbildung zurück, Menschen also, die über niedrige Einkommen verfügen und für die es generell schwierig ist, Beschäftigung zu finden. [...] Die vorwiegend jungen Männer, die in den wirtschaftsschwachen Landstrichen zurückbleiben, sind auf dem Arbeitsmarkt, in der Bildung und bei der Partnerfindung benachteiligt. Im statistisch gar nicht so seltenen Extremfall bedeutet das: kein Job, keine Ausbildung, keine Partnerin. Diese Personen sind damit von einer Teilhabe in wesentlichen gesellschaftlichen Bereichen ausgeschlossen. Da sich dieser Zustand bereits über Jahre verfestigt, ist zu befürchten, dass in den entsprechenden Regionen eine neue, männlich dominierte Unterschicht entstanden ist, die sich dauerhaft zu etablieren droht. (Kröhnert und Klingholz 2007, S. 4)

Das alles mündet in einen Teufelskreis oder in eine Abwärtsspirale, die man zu anderen Zeiten als „gesellschaftliche Degeneration" bezeichnet hätte: Abwandernde, gut ausgebildete Frauen lassen schlecht qualifizierte Unterschichtmänner zurück und noch ein paar junge Unterschichtmütter, die überproportional viele Kinder bekommen. Der durchschnittliche Bildungsgrad sinkt immer weiter. „Und wo der Bildungsgrad sinkt und qualifiziertes Personal fehlt, wird kaum ein Unternehmen investieren", wie der Interministerielle Arbeitskreis aus Sachsen-Anhalt weiß oder selbsterfüllend prophezeit (Interministerieller Arbeitskreis LSA 2011, S. 60–61). Ohne Investitionen jedoch gibt es keine wirtschaftliche Entwicklung und keine Arbeitsplätze, was auch noch die letzten Bessergebildeten aus dem Land treibt usw. usf.

Zwanzig Jahre nach dem Mauerfall haben die wandernden Frauen die „Altlasten" infolge der fehlgeleiteten Wirtschaftspolitik der DDR als Begründungszusammenhang für die wirtschaftliche Misere im Osten abgelöst, so scheint es. Damit rücken aber auch wieder lebende Menschen in den Fokus der Aufmerksamkeit. Es müsste mit dem Teufel zugehen, ließe sich diese Entwicklung nicht wieder etwas zurückdrehen.

Glückliche Wiederkehr?

4

Und hier kommt ein Begriff ins Spiel, der in manchen Ohren etwas verstaubt klingt: Heimat. Die Diagnose war ja, dass die jungen Frauen nicht ganz freiwillig in den Westen abgewandert sind, sondern quasi unter dem Druck der ökonomischen Verhältnisse. Das jedoch, so die Schlussfolgerung, bedeutete nicht, dass sie sich mit der Zielregion ihrer Abwanderung genauso stark identifizieren würden wie mit jenem Landstrich und seinen Bewohnern, in dem sie aufgewachsen waren. Ein Sachsen-Anhaltiner bleibt – wo immer er ist – im Herzen Sachsen-Anhaltiner. Man müsste also ihre Herzen nur erwärmen, ihr Heimatgefühl neu beleben, damit sie eventuell eine glückliche Heimkehr ins Kalkül ziehen würden.

Ein Team um die Professorin Christiane Dienel, die damals europäische Politik und Gesellschaft an der Fachhochschule Magdeburg-Stendal lehrte, ersann dafür die „Heimatschachtel". Dieses Kuriosum in der Geschichte der Bevölkerungspolitik wurde ab 2006 an Ostdeutsche verschickt, die in die westlichen Bundesländer abgewandert waren.

Ein Satz Skatkarten liegt drin, ein Gutschein über Karten für das Magdeburger Theater, ein blauer Stoffbeutel mit dem Logo der Hochschule Magdeburg-Stendal, ein Päckchen Knäckebrot mit Sesam und zwei Absinth-Trüffel-Pralinen aus einer Magdeburger Zuckerbäckerei, notierte Damir Fras (2006, S. 3) in der Berliner Zeitung.

Zur Begründung der Aktion, die vom Bundesverkehrsministerium unter dem damaligen Ost-Beauftragten der Bundesregierung Wolfgang Tiefensee finanziert wurde, wird Dienel in derselben Zeitung mit der Frage zitiert: „Wie kann man den Humanfaktor im Aufbau Ost konkret in den Blick nehmen?".

© Springer Fachmedien Wiesbaden 2015

D. Schmidt, *Ostdeutsche Frauenbewegung,* essentials,
DOI 10.1007/978-3-658-06792-2_4

Die „Heimatschachtel" war nur eine von mehreren Modellmaßnahmen, die im Rahmen des Projekts „Rückwanderung als dynamischer Faktor für ostdeutsche Städte" erarbeitet und ausprobiert wurden. Ziel war es,

> die Aufrechterhaltung des Kontakts zur Region, aus der abgewandert wurde, zu fördern. Als Teilvorhaben stellt die Heimatschachtel einen Gruß der Stadt Magdeburg an ihre ehemaligen Bürger/innen dar. Das Thema Ab- und Rückwanderung soll damit positiv besetzt werden und die Erinnerung an die Heimat aufrechterhalten werden. (Nexus 2006, S. 28)

Offenbar reagierten Dienel und ihre MitarbeiterInnen damit auf ein (genuin ostdeutsches?)[1] Bedürfnis, wie sie selbst schreiben:

> Die Bezeichnung ‚Heimatschachtel' wurde bewusst gewählt. Aus der Sachsen-Anhalt-Studie, die als Vorläuferstudie gilt[2], kam in den Telefonbefragungen deutlich heraus, dass die Befragten oft von ‚Ihrer Heimat in Sachsen-Anhalt' sprachen. Der Begriff der Heimat kann somit heute wieder positiv besetzt werden. Gleichzeitig handelt es sich bei der Zielgruppe um eine Generation, bei der ‚Retro'-Elemente im Trend liegen; dem sollte das Wort ‚Schachtel' gerecht werden. (Nexus 2006, S. 28 f.)

Dieses äußerst strategische Vorgehen wurde um eine Rückkehragentur namens „Kontaktbüro Ost" und eine Vernetzungswebsite für Abgewanderte (www. kontakt-ostdeutschland.de) komplettiert. Waren die Ostdeutschen im Exil erst einmal, vielleicht durch den Verzehr des Burger Knäckes aus der Heimatschachtel, auf den Geschmack gekommen, konnten sie sich also im Forum mit anderen, die es in die Fremde verschlagen hatte, austauschen oder mithilfe der Agentur Möglichkeiten der Rückreise eruieren.[3] Oder auch andersherum: „Auch gab es Anfragen der Art, dass Eltern um Unterstützung baten, ihre Kinder aus der Ferne zurückzuholen. Hier

---

[1] „There is a special debate on regional identity relating to East Germany: It is often stated that, because of the drastic change caused by reunification, there is a specific need for individuals to become aware of their own strengths and particular skills. However, West-East comparative studies do not identify significant differences concerning regional consciousness or local bonds" (Schmithals 2010, S. 287).

[2] „Zukunftschancen junger Frauen in Sachsen-Anhalt. Wie kann durch Umsteuerung von Fördermitteln das Querschnittziel Chancengleichheit besser verwirklicht werden?" i. A. der Landesregierung Sachsen-Anhalt. Abschlussbericht vom 30.11.2004.

[3] „Als wichtigste Maßnahme zur Förderung von Rückwanderung wird der Aufbau einer Netzwerkagentur zur Aufrechterhaltung und zum Aufbau sozialer und geschäftlicher Kontakte vor- geschlagen. Ziel ist es, die persönlichen Beziehungen der Abgewanderten mit ihrer Heimatregion und den Menschen dort zu pflegen. Es geht darum, potenziellen Rückkehrern Hilfestellungen bei der Entscheidungsfindung zu geben. Ein erwiesenermaßen bewährtes Mittel dazu ist der Aufbau und die Pflege einer Internetplattform" (Jain, Schmithals 2009, S. 330).

konnte die Agentur nur auf die Vernetzungsmöglichkeiten über die Website hinweisen, sollte der/die Abgewanderte denn selbst auch zurückkehren wollen" (Nexus 2006, S. 31 f.).

Ob die ganze Aktion den erwünschten Erfolg hatte, ist mir nicht bekannt. Jedoch wird sie von mindestens drei Dimensionen durchschnitten, die einer näheren Erörterung würdig sind:

1. *Wissenspolitische Dimension.* Das Verhältnis von Wissenschaft und Politik kann – nicht nur im Bezug auf demografische Entwicklungen, hier aber vielleicht in besonderer Weise – mit Mitchel Ash als ein „Ressourcenensemble" gesehen werden.

Dabei zeigt es sich, dass solche Ressourcenensembles im Prinzip gegenseitig mobilisierbar sind. Das heißt unter anderem, dass Wissenschaftler genausogut Ressourcen aus der politischen Sphäre für ihre Zwecke mobilisieren, wie Politiker die Wissenschaftler und ihre Ressourcen für ihre Zwecke zu benutzen versuchen können. Dies geht mit einem komplexen sozialen Prozess der zunehmenden Verwissenschaftlichung vieler Bereiche der Politik und der zunehmenden Ausrichtung wissenschaftlicher und technischer Forschung auf eben diese Bereiche einher (Ash 2002, S. 33).

Wie in anderen Bundesländern auch hatte man sich in Sachsen-Anhalt Anfang der Nullerjahre darangemacht, das Thema „demografischer Wandel" systematisch auf die Agenda zu heben. WissenschaftlerInnen an öffentlichen Hochschulen und privaten Beratungsagenturen bekamen Fördergelder, um überhaupt einen spezifischen Wissensbestand über das Phänomen und entsprechende Problemstellungen zu produzieren. Anderswo – etwa in Sachsen – hat man dafür Enquete- oder Expertenkommissionen eingesetzt. Im zweiten Schritt ging es darum, dieses demografische Wissen in politische Handlungskonzepte umzusetzen.[4] Ergebnis ist eine demografisierte Politik, die strukturelle ökonomische Verwerfungen, soziale Ungleichheiten und Sparzwänge mit der Bevölkerungsentwicklung letztbegründet und damit externalisiert. Am Ende wird man versuchen, zur Bewältigung der Folgen der gesunkenen Menschenzahl Forderungen an die europäische Strukturförderung und den Länderfinanzausgleich zu stellen. Diese

---

[4] Christiane Dienel, die die Studien an der FH Magdeburg-Stendal verantwortlich geleitet hat, wurde nach der Landtagswahl 2006 zur Staatssekretärin im sachsen-anhaltinischen Sozialministerium berufen, um ihre wissenschaftlichen Erkenntnisse in der Praxis umzusetzen. Das misslang aus verschiedenen Gründen; vor allem beharrte der Minister für Raumordnung und Verkehr auf seiner Zuständigkeit für Demografie-Fragen und richtete eine eigene Stabsstelle ein. Ähnliche Konkurrenzen und Doppelstrukturen gab es im benachbarten Sachsen übrigens zwischen der Staatskanzlei und dem Landtag.

(Wissens-) Politik der Bevölkerung ist in einer solchen Ausprägung ein in der Geschichte der Bundesrepublik noch recht junges Phänomen.

2. *Bevölkerungspolitische Dimension.* Noch bis vor kurzem konnte man allenthalben lesen, dass Bevölkerungspolitik in der Bundesrepublik aufgrund der Erfahrungen aus der NS-Zeit „tabu" sei. Zudem dürfe der Staat nicht in solche intimen Angelegenheiten zwischen den Menschen, wie sie die individuelle Entscheidung für oder gegen Kinder darstelle, hineinregieren. Man müsse lediglich die Rahmenbedingungen so gestalten, dass sie der Umsetzung eines Kinderwunsches nicht im Wege stünden. Mit der Popularisierung demografischen Wissens seit den neunziger Jahren und der Problematisierung eines angeblichen Bevölkerungsrückgangs sowie der Überalterung werden solche Rücksichten seltener geäußert, werden verschiedene politische Interventionen unter den Stichworten „bevölkerungsbewusste Politik" oder „demografisch akzentuierte Politik" verhandelt. Das bedeutet in der Regel keine Rückkehr zu rassistischen Menschenbewirtschaftungspraktiken. Vielmehr verbinden diese Konzepte allerlei Aspekte und Felder post-politischer Regierungskunst.

3. *Subjektdimension.* Freilich geht das nicht ohne Subjektkategorisierungen und normative Zuschreibungen von bestimmten Eigenschaften. Und dabei kommen tradierte Logiken des demografischen Denkens zum Durchbruch; darin besteht die historische Kontingenz dieser Post-Politik. Der überproportionale Wegzug der jungen Frauen aus Ostdeutschland wird ja nicht nur deshalb problematisiert, weil das zu enormen ökonomischen oder sozialen Verwerfungen in den betreffenden Regionen geführt hätte. Das Geschlechterverhältnis in Ostdeutschland hat sich nämlich in den vergangenen zwei Jahrzehnten so dramatisch gar nicht verändert, wie die Erkundigungen des Berlin-Instituts es suggerieren. Die Zahlen wirken nur deshalb so dramatisch, weil sie sich immer auf Frauen zwischen 18 und 29 bzw. 39 Jahren beziehen. Ihr Frausein wird explizit mit der normativen Erwartung verbunden, dass sie in absehbarer Zeit Kinder bekommen. Und ihr (höherer) Bildungsgrad weist sie als gewünschten *Human Factor* im Aufbau Ost aus.

Schluss 5

Es wird interessant sein zu beobachten, wie diese Diskursgeschichte weitergeht. In Sachsen-Anhalt hat die anfangs zitierte Interministerielle Arbeitsgruppe der Landesregierung kurz vor der Landtagswahl ein Handlungskonzept für „nachhaltige Bevölkerungspolitik" vorgelegt, das eine Art Masterplan für die Landesentwicklung darstellen soll. Darin wird die Erhöhung der Geburtenrate zu einem zentralen Ziel erklärt. Das Mittel dazu ist eine Stärkung der Familien durch ein engeres Netz sozialer und staatlicher Kontrollen, um etwa die „Erziehungskompetenz der Eltern" zu stärken. Ein überwölbendes Motto haben sich die Ministerialbeamten dafür auch ausgedacht: „Starke Familie starke Gemeinschaft" (Interministerieller Arbeitskreis LSA 2011, 60).

Ein weiterer Schwerpunkt liegt auf der „Akzentuierung auf die junge Generation", denn: „Sie hat nicht nur die ‚Lasten' einer alternden Gesellschaft zu tragen, sondern sollte auch die Chance bekommen demografische Probleme frühzeitig zu erkennen und ihnen entgegen zu wirken" – was immer das im Einzelnen heißt. Ähnlich wie in Sachsen auch setzt man dabei auf die Erleichterung der unkonventionellen Familiengründung:

Sachsen-Anhalt unterstützt ungewollt kinderlose Paare bei der Finanzierung von Maßnahmen der assistierten Reproduktion. Sachsen-Anhalt ist das erste Bundesland, das neben verheirateten Paaren auch nichtehelichen Lebensgemeinschaften von Frau und Mann eine Unterstützung für die künstliche Befruchtung gewährt. In den drei medizinischen Reproduktionseinrichtungen in Sachsen-Anhalt wurden im Jahr 2009 590 Versuche der künstlichen Befruchtung durchgeführt, knapp 400 waren erste Versuche. (Interministerieller Arbeitskreis LSA 2011, 71)

Vielleicht hat ja „Genosse Storch" ausgedient.

© Springer Fachmedien Wiesbaden 2015

D. Schmidt, *Ostdeutsche Frauenbewegung*, essentials,

DOI 10.1007/978-3-658-06792-2_5

Was Sie aus diesem Essential mitnehmen können

- Der „demografische Wandel" fungiert als politische Ressource.
- Die wissenschaftlichen Analysen zu diesem Phänomen sind keineswegs außerpolitisch; ihnen liegen bestimmte Voreinstellungen, Spekulationen und selektive Wahrnehmungen zugrunde.
- Oft stehen Frauen und ihr in irgendeiner Weise problematisches Verhalten (Geburten, Wanderungen) im Mittelpunkt demografischer Betrachtungen.
- Demografische Wissensbestände sollten genauso hinterfragt werden wie die Sinnhaftigkeit damit legitimierter bevölkerungspolitischer Interventionen.

© Springer Fachmedien Wiesbaden 2015
D. Schmidt, *Ostdeutsche Frauenbewegung,* essentials,
DOI 10.1007/978-3-658-06792-2

Literatur

Ash, M. G. (2002). Wissenschaft und Politik als Ressourcen füreinander. In vom R. Bruch & B. Kaderas (Hrsg.), *Wissenschaften und Wissenschaftspolitik. Bestandsaufnahmen zu Formationen, Brüchen und Kontinuitäten im Deutschland des 20 Jahrhunderts* (S. 32–51). Stuttgart: Steiner.

Barlösius, E., & Schiek, D. (Hrsg.). (2007). *Demographisierung des Gesellschaftlichen. Analysen und Debatten zur demographischen Zukunft Deutschlands.* Wiesbaden: VS Verlag für Sozialwissenschaften.

Bürgel, T. (2004). Mauerfall-Kinder. In A. Willisch (Hrsg.) *Wendekinder. Berliner Debatte Initial* (Bd. 15, 4. Aufl., S. 16–25). Potsdam: Berliner Debatte Initial.

Cassens, I., Luy, M., & Scholz, R. (Hrsg.). (2009). *Die Bevölkerung in Ost- und Westdeutschland. Demografische, gesellschaftliche und wirtschaftliche Entwicklungen seit der Wende.* Wiesbaden: VS Verlag für Sozialwissenschaften.

Diehl, K. (2008). Mögliche Faktoren für die rasche Reduktion der ostdeutschen Übersterblichkeit nach der Wiedervereinigung. *Zeitschrift für Bevölkerungswissenschaft, 33*(1), 89–109.

Dienel, C., Gerloff, A., & Lesske, L. (2004). *Zukunftschancen junger Frauen in Sachsen-Anhalt. Wie kann durch Umsteuerung von Fördermitteln das Querschnittziel Chancengleichheit besser verwirklicht werden? Zukunftschancen junger Familien in Sachsen-Anhalt.* Landesregierung Sachsen-Anhalt. Magdeburg. http://www.ueplingen.de/Studie_Dienel.pdf. Zugegriffen: 15. Dec. 2010.

Donat, E., Froböse, U., & Pates, R. (Hrsg.). (2009). *Nie wieder sex. Geschlechterforschung am Ende des Geschlechts.* Wiesbaden: VS Verlag für Sozialwissenschaften.

Dorbritz, J., & Speigner, W. (1990). Die Deutsche Demokratische Republik – ein Ein- und Auswanderungsland? *Zeitschrift für Bevölkerungswissenschaft, 16*(1), 67–85.

Fras, D. (2006). Das Ost-Paket. Wissenschaftler überlegen, wie man die Abwanderung junger Leute in den Westen verhindern kann. Eine Schachtel mit Grüßen aus der Heimat soll den Anfang machen. *Berliner Zeitung* 21.03.2006: 3.

Glorius, B., & Matuschewski, A. (2009). Rückwanderung im internationalen Kontext: Forschungsansätze und -perspektiven. *Zeitschrift für Bevölkerungswissenschaft, 34*(3–4), 203–225.

Heilemann, U. (2005). Ostdeutschland – ein „Mezzogiorno-Fall"? *Wirtschaftsdienst, 85*(8), 505–512.

© Springer Fachmedien Wiesbaden 2015

D. Schmidt, *Ostdeutsche Frauenbewegung,* essentials,
DOI 10.1007/978-3-658-06792-2

Helwig, G. (1974). *Zwischen Familie und Beruf. Die Stellung der Frau in beiden deutschen Staaten*. Köln: Verlag Wissenschaft und Politik (Bibliothek Wissenschaft und Politik, 10).

Interministerieller Arbeitskreis Raumordnung, Landesentwicklung und Finanzen unter Federführung des Ministeriums für Landesentwicklung und Verkehr des Landes Sachsen-Anhalt [Interministerieller Arbeitskreis LSA]. (2011). Handlungskonzept „Nachhaltige Bevölkerungspolitik in Sachsen-Anhalt" *2010*, 04.02.2011. http://www.sachsen-anhalt.de/fileadmin/Elementbibliothek/Bibliothek_Politik_und_Verwaltung/Bibliothek_MBV/Fotos/Demografischer_Wandel/Handlungskonzept_Endfassung.pdf. Zugegriffen: 15. April 2011.

Jain, A., & Schmithals, J. (2009). Motive für die Wanderung von West- nach Ostdeutschland und Rückkehrtypen. In I. Cassens, M. Luy, & R. Scholz (Hrsg.), *Die Bevölkerung in Ost- und Westdeutschland* (S. 313–333). Wiesbaden: VS Verlag für Sozialwissenschaften.

Koch, P., & Knöbel, H. G. (1986). *Familienpolitik der DDR im Spannungsfeld zwischen Familie und Berufstätigkeit von Frauen*. Pfaffenweiler: Centaurus-Verlagsgesellschaft (Reihe Sozialwissenschaften, 7).

Konietzka, D., & Kreyenfeld, M. (2004). Angleichung oder Verfestigung von Differenzen? Geburtenentwicklung und Familienformen. In A. Willisch (Hrsg.), *Wendekinder* (Bd. 15, 4. Aufl., S. 26–41). Berliner Debatte Initial.

Kreyenfeld, M. (2009). Das zweite Kind in Ostdeutschland: Aufschub oder Verzicht? In I. Cassens, M. Luy, & R. Scholz (Hrsg.) *Die Bevölkerung in Ost- und Westdeutschland* (S. 100–123). Wiesbaden: VS Verlag für Sozialwissenschaften.

Kröhnert, S., & Klingholz, R. (2007). *Not am Mann. Von Helden der Arbeit zur neuen Unterschicht? Lebenslagen junger Erwachsener in wirtschaftlichen Abstiegsregionen der neuen Bundesländer*. Berlin: Berlin-Institut.

Lölhöffel, H. (1984). „Genosse Storch" fliegt Planziel an. *Süddeutsche Zeitung* 10./11.03.1984: 11.

Merkel, I. (2004). Hiergeblieben! Jugend in Pensionopolis. In: A. Willisch (Hrsg.), *Wendekinder* (Bd. 15, 4. Aufl., S. 56–63). Berliner Debatte Initial.

Nexus. (2006). *Rückwanderung als dynamischer Faktor für ostdeutsche Städte. Abschlussbericht des Projekts der Nexus GmbH in Kooperation mit der FH Magdeburg-Stendal, i. A. des BMVBS*. November 2006. http://www.nexus-berlin.com/images/stories/content-pdf/Endbericht_Rueckwanderung.pdf. Zugegriffen: 15. Dec. 2010.

Niebsch, G. (2007). *Gesundheit, Entwicklung und Erziehung in der frühen Kindheit. Wissenschaft und Praxis der Kinderbetreuung in der DDR; der Anteil Eva Schmidt-Kolmers an der Konzipierung und Realisierung*. Frankfurt a. M.: Peter Lang (Gesellschaft und Erziehung, 2).

Pates, R., & Schochow, M. (Hrsg.). (2013). *Der „Ossi". Mikropolitische Studien über einen symbolischen Ausländer*. Wiesbaden: VS Verlag für Sozialwissenschaften.

Salzmann, T., Edmonston, B., Raymer, J. (Hrsg.). (2010). *Demographic aspects of migration*. Wiesbaden: VS Verlag für Sozialwissenschaften.

Schirrmacher, F. (2004). *Das Methusalem-Komplott*. München: Blessing.

Schirrmacher, F. (2006). *Minimum. Vom Vergehen und Neuentstehen unserer Gemeinschaft*. München: Blessing.

Schirrmacher, F. (2006a). Nackte Äste. In: *Der Spiegel* 20.09.2006. http://www.spiegel.de/kultur/gesellschaft/0,1518,438071,00.html. Zugegriffen: 15. Dec. 2010.

Schmidt, D. (2005) *Statistik und Staatlichkeit*. Wiesbaden: VS Verlag für Sozialwissenschaften.

Schmidt, D. (2009). Reproduktionsmaschinen. Die Rolle der „Frau" in demografischen Diskursen. In E. Donat, U. Froböse, & R. Pates (Hrsg.), *Nie wieder Sex. Geschlechterforschung am Ende des Geschlechts* (S. 185–200). Wiesbaden: VS Verlag für Sozialwissenschaften.

Schmidt, D. (2011). Von der Krise zur Chance. Die Politik der „Bevölkerung". In P. Overath (Hrsg.), *Die vergangene Zukunft Europas. Bevölkerungsforschung und -prognosen im 20. und 21. Jahrhundert* (S. 117–142). Wien: Böhlau.

Schmidt, D., & Schochow, M. (2010). Pyramide, Storch und Lebensbaum. Die demografische Beobachtung der Anderen. *Horch und Guck, 19*(1), 44–47.

Schmithals, J. (2010). Return migration to East Germany – Motives and potentials for regional development. In T. Salzmann, B. Edmonston, & J. Raymer (Hrsg.), *Demographic aspects of migration* (S. 281–301). Wiesbaden: VS Verlag für Sozialwissenschaften.

Steiner, C. (2004). Bleibst du noch oder gehst du schon? Regionale Mobilität beim Ausbildungs- und Erwerbseinstieg ostdeutscher Jugendlicher. In A. Willisch (Hrsg.), *Wendekinder* (Bd. 15, 4. Aufl., S. 42–55). Berliner Debatte Initial.

Swianczny, F., Graze, P., & Schlömer, C. (2008). Spatial impacts of demographic change in Germany. Urban population processes reconsidered. *Zeitschrift für Bevölkerungswissenschaft, 33*(2), 181–206.

Tribüne. (1986). *Zur Förderung der berufstätigen Frauen und Mütter. Dokumente* (3. Aufl). Berlin: Tribüne.

vom Bruch, R., & Kaderas, B. (Hrsg.). (2002). *Wissenschaften und Wissenschaftspolitik. Bestandsaufnahmen zu Formationen, Brüchen und Kontinuitäten im Deutschland des 20. Jahrhunderts*. Stuttgart: Steiner.

von Stein, L. (1876). *Die Frau auf dem Gebiete der Nationalökonomie*. Stuttgart: Cotta.

Wendt, H. (1991) Geburtenhäufigkeit in beiden deutschen Staaten – zwischen Konvergenz und Divergenz. *Zeitschrift für Bevölkerungswissenschaft, 17*(3), 251–280.

Willisch, A. (Hrsg.). (2004). *Wendekinder* (Bd. 15, 4. Aufl.). Berliner Debatte Initial.

Ziefle, A. (2009). *Familienpolitik als Determinante weiblicher Lebensverläufe? Die Auswirkungen des Erziehungsurlaubs auf Familien- und Erwerbsbiographien in Deutschland*. Wiesbaden: VS Verlag für Sozialwissenschaften.

Lesen Sie hier weiter

Rebecca Pates,
Maximilian Schochow (Hrsg.)

Der „Ossi"
Mikropolitische Studien über einen
symbolischen Ausländer

2013, VI, 234 S., 10 Abb.
Softcover: € 34,99
ISBN 978-3-531-17725-0

Änderungen vorbehalten.
Erhältlich im Buchhandel oder beim Verlag.

Einfach portofrei bestellen:
leserservice@springer.com
tel +49 (0)6221 345-4301
springer.com